E. OBELLIANNE

# Le Nouveau Manuel du Rengagé

PARIS
Henri CHARLES-LAVAUZELLE
Éditeur militaire
124, Boulevard Saint-Germain, 124

—

*Même Maison à Limoges*

—

1919

# E. OBELLIANNE

# Le Nouveau Manuel du Rengagé

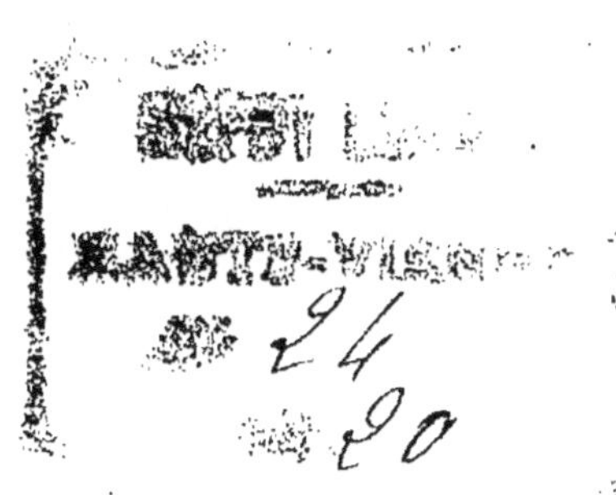


**PARIS**

**Henri CHARLES-LAVAUZELLE**

Éditeur militaire

124, Boulevard Saint-Germain, 124

*Même Maison à Limoges*

1919

# PRÉFACE

Une circulaire ministérielle du 12 septembre 1914 avait suspendu les rengagements ; une circulaire ministérielle du 13 décembre 1918 les a rétablis : le principe n'a donc pas changé.

Il n'en est pas de même de la réglementation du rengagement, bouleversée par suite de la guerre. Divers documents, dont une loi, ont, en effet, modifié cette réglementation.

Nous nous proposons de définir l'état du rengagé tel qu'il ressort de la réglementation actuelle.

# DOCUMENTS CONSULTÉS.

C. M. 12 *septembre* 1914. (B. O., p. 919.) Suspension des rengagements.

C. M. 13 *décembre* 1918. (B. O., p. 3584.) Rétablissement des rengagements.

C. M. 2 *février* 1919. (B. O., p. 382.) Avantages pécuniaires,

F. de R. 22 *février* 1919. B., O. p. 607.) Rengagements dans l'aviation.

D. 11 *mars* 1919. B. O., p. 792.) Primes et hautes payes.

C. M. 24 *mars* 1919. (B. O., p. 959.) Indemnité de logement.

C. M. 27 *mars* 1919. (B. O., p. 1034.) Reprise des rengagements.

C. M. 10 *avril* 1919. (B. O., p. 1135.) Rengagement des officiers.

D. 20 *avril* 1919. (B. O., p. 1260.) Rengagements de 6 mois.

I. M. 26 *avril* 1919. (B. O., p. 1388.) Rengagements de 6 mois.

F. de R. 29 *avril* 1919. (B. O., p. 1405.) Solutions diverses.

D. 24 *mai* 1919. (B. O., p. 1615.) Rengagements des officiers de réserve,

C. M. 16 *juin* 1919. (B. O., p. 1798.) Primes et hautes payes.

F. de R. 13 *août* 1919. (B. O., p. 2470.) Solutions diverses.

D. 25 *août* 1919. Primes et hautes payes.

# AVANT-PROPOS.

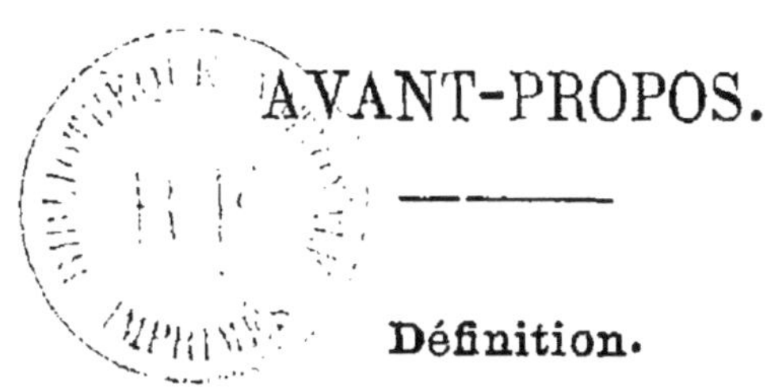

### Définition.

Le rengagement est un acte bilatéral qui lie le militaire contractant et l'État. Par cet acte :

*a)* Le militaire s'engage à servir au delà du temps qui lui est imposé par la loi de recrutement et pour un temps déterminé au contrat;

*b)* L'État s'engage à réserver certains avantages au contractant.

### Division de l'ouvrage.

Nous avons parlé de la loi de recrutement; c'est elle, en effet, qui est à la base de tout rengagement et c'est elle que nous étudierons dans les divers documents où elle se manifeste : loi, décrets, instructions et circulaires ministérielles.

De ces documents nous allons dégager, à l'usage du rengagé, les trois idées maîtresses suivantes :

1° La faculté de rengager;

2° Les obligations imposées par le contrat;

3° Les avantages qui en résultent.

# LE
# Nouveau Manuel du Rengagé

## CHAPITRE I^er.

### DE LA FACULTÉ DE RENGAGER.

Peut rengager :

*a)* Dans les troupes métropolitaines, tout militaire en activité de service comptant au moins une année de service et tout militaire libéré depuis moins de deux ans;

*b)* Dans les troupes coloniales, tout militaire en activité de service comptant au moins six mois de service et tout militaire libéré âgé de moins de 36 ans, quel que soit le temps écoulé depuis sa libération.

(Loi du 21 mars 1905.)

En raison du rappel sous les drapeaux par suite du décret de mobilisation, on doit entendre par militaire « libéré » tout militaire « démobilisé » depuis moins de deux ans. Ainsi, un militaire qui comptait plus de deux ans d'interruption de service au moment où le décret de mobilisation l'a rappelé sous les drapeaux, peut rengager s'il réunit par ailleurs les conditions exigées.

(Circulaire ministérielle du 27 mars 1919.)

En ce qui concerne spécialement les militaires libérés contractant au titre des troupes coloniales, le rengagement minimum est de trois ans.

(Loi du 10 juillet 1907.)

Le rengagement au titre des troupes d'occupation du Maroc doit être d'un minimum de deux ans. (Instruction ministérielle du 17 octobre 1913.)

Le service supplémentaire résultant de la mobilisation a abrogé, en fait, l'obligation imposée par la loi du 10 juillet 1907 au militaire libéré qui désirait contracter au titre des troupes métropolitaines et qui devait, par son rengagement, parfaire un minimum de quatre ans de service.

Aujourd'hui, tout militaire ou ancien militaire peut se lier pour six mois seulement, par un contrat dit « rengagement spécial ».

Le rengagement spécial peut être contracté au titre du service général comme combattant, ou au titre d'un emploi déterminé dans un corps ou service de l'intérieur. Pour rengager au titre du service général, il faut être âgé de moins de 45 ans et être du service armé; pour rengager au titre d'un emploi déterminé, il faut être âgé de moins de 50 ans et être apte physiquement et professionnellement à l'emploi envisagé.

(Instruction ministérielle du 26 avril 1919.)

Il est bien entendu que, des avantages consentis aux militaires rengagés, il faudra supprimer les emplois civils aux rengagés spéciaux âgés de plus de 40 ans, aucun emploi civil ne pouvant être attribué à un militaire ayant dépassé cet âge.

La durée de rengagement de six mois indiquée plus haut est une durée minima, et les rengagements souscrits peuvent être de six mois, un an, dix-huit mois, deux, trois, quatre et cinq ans, avec renouvellement jusqu'à :

Quinze ans de service pour les sous-officiers des troupes métropolitaines et les militaires de tous grades des troupes coloniales et des régiments de sapeurs-pompiers de Paris;

Dix ans de service pour les brigadiers des régiments de cavalerie et de l'artillerie des divisions de cavalerie ;

Cinq ans de service, pour les militaires (autres que les sous-officiers) des troupes métropolitaines (autres que la cavalerie et l'artillerie des divisions de cavalerie).

    (Loi du 21 mars 1905, modifiée par celle du 7 août 1913.)

Pour permettre la réalisation de ce maximum de service, la durée du dernier rengagement pourra compter des fractions d'année inférieures à six mois.

    (Loi du 10 juillet 1907.)

Le dernier rengagement pourra ainsi n'être parfois que de quelques mois, voire de quelques jours. Dans le cas d'un militaire libéré contractant un rengagement inférieur à un mois, ce militaire sera maintenu dans ses foyers pendant la durée de son rengagement.

Peuvent être maintenus sous les drapeaux comme rengagés après quinze ans de service et jusqu'à 50 ans d'âge :

1° Les militaires de toutes armes et de tous grades pourvus, dans les différents corps et services, de certains emplois déterminés par le Ministre de la guerre ;

2° Les militaires de la gendarmerie, de la justice militaire, du régiment de sapeurs-pompiers de Paris, de la remonte et le personnel employé dans les écoles militaires ;

    (Loi du 7 août 1913.)

3° Les rengagés spéciaux pour un emploi déterminé.

    (Instruction ministérielle du 26 avril 1919.)

## CAS SPÉCIAUX.

### Les officiers de réserve.

Ne furent d'abord admis au rengagement que les officiers de réserve provenant des élèves officiers institués par la loi du 21 mars 1905 (art. 23 et 24). Le rengagement était soumis aux mêmes règles que les rengagements ordinaires avec, en outre, l'obligation, pour les candidats, d'être autorisés par le Ministre de la guerre et d'offrir la démission de leur grade d'officier de réserve. Suivant qu'il existait ou non des vacances de sous-officiers rengagés, le rengagement avait lieu comme sous-officier (avec ancienneté remontant à la date de nomination comme élève officier, ou comme sous-officier si la nomination à ce grade était antérieure à l'entrée dans le peloton des élèves officiers) ou comme caporal ou soldat.

(Décrets des 21 septembre 1911 et 27 avril 1912.)

Actuellement, tous les officiers de réserve, quelle que soit leur origine, à titre temporaire ou à titre définitif, ont la faculté de rengager comme sous-officiers, sous réserve de réunir les conditions générales imposées aux rengagés. Les intéressés adressent à leur chef de corps une demande de rengagement, accompagnée d'une offre conditionnelle de démission. En cas d'avis favorable du conseil de régiment, l'offre de démission est transmise au Ministre, et le rengagement est souscrit dès que le corps a reçu notification de l'acceptation de cette offre. Tout le temps passé pendant la guerre comme sous-officier ou officier de réserve compte au nouveau rengagé comme ancienneté dans le grade.

(Circulaire ministérielle du 10 avril 1919 et décret du 24 mai 1919.)

## Officiers de l'active à titre temporaire.

Ces officiers peuvent rengager dans les mêmes conditions que les officiers de réserve : le temps passé comme officier leur est compté comme ancienneté dans le grade de sous-officier.
(Circulaire ministérielle du 10 avril 1919.)

## Sous-officiers candidats aux écoles.

Ces sous-officiers étaient autorisés à rengager en surnombre de l'effectif réglementaire des rengagés et jusqu'à concurrence de 3 par régiment d'infanterie, d'artillerie ou du génie, et de 2 par régiment de cavalerie et par bataillon ou section formant corps. Ils n'avaient droit à aucun des avantages spéciaux assurés aux sous-officiers rengagés.
(Loi du 17 juillet 1908.)

En outre des conditions générales requises pour tout rengagement, les candidats aux écoles ne devaient être admis à rengager que :

1o S'ils avaient un certificat d'aptitude à l'emploi de chef de section ;

2o S'ils avaient subi avec succès l'examen imposé aux candidats désireux de suivre les cours du 2e degré ;

3" S'ils avaient quinze mois de grade de sous-officier au 15 janvier précédant la date d'entrée à l'école.

(Instruction ministérielle du 8 février 1911.)

Nous croyons que ces dispositions sont implicitement abrogées par l'instruction ministérielle du 29 avril 1919, qui dispose que tous les rengagements sont admis actuellement, sans limitation de nombre. S'il n'en était pas ainsi, les candidats auraient toujours la faculté de faire abstraction de ces principes qui ne sont plus en leur faveur et de se rengager aux conditions ordinaires.

### Aspirants.

Sont dénommés aspirants les élèves des écoles de sous-officiers et les élèves des grandes écoles ayant accompli un an de service.

Les aspirants ne peuvent rengager avec leur grade — et seulement pour un an — que s'ils arrivent à l'expiration d'un rengagement pendant leur séjour à l'école.

(Instruction ministérielle du 8 février 1911.)

En dehors de ce cas, les aspirants peuvent rengager aux conditions ordinaires, mais seulement avec le grade de sergent.

(Feuille de renseignements du 29 avril 1919.)

### Rengagement avec perte du grade.

La loi du 21 mars 1905 dispose que les sous-officiers qui se rengagent conservent leur grade même s'ils ont quitté le service depuis plus de six mois, sauf le cas où ils se rengagent dans une arme autre que leur arme d'origine ou dans le régiment de sapeurs-pompiers de Paris ; dans ces cas, les rengagements ne peuvent être acceptés que comme simples soldats. Mais, du jour où il est de nouveau nommé sous-officier, le rengagé compte, pour l'ancienneté dans le grade, tout le temps accompli dans l'armée active comme sous-officier avant la reddition de ses galons.

(Circulaire ministérielle du 20 juin 1910.)

L'extension donnée aux rengagements par la feuille de renseignements du 29 avril 1919 a fait naître des cas qu'il importait de solutionner; un de ces cas est celui concernant les sergents-majors, adjudants et adjudants-chefs des sections.

Les sergents-majors, adjudants et adjudants-chefs de complément, qui n'ont pas été nommés à ces emplois par décision ministérielle, ne pourront être admis à rengager que comme sergents, s'ils demandent à rentrer dans les sections de C. O. A., d'infirmiers ou de secrétaires d'E. M. R.

Ceci découlait déjà des décrets des 22 avril 1908, 23 mai 1912, de l'instruction ministérielle du 16 août 1909 et de la notification du 7 octobre 1913, qui réservent au Ministre la nomination aux emplois d'adjudant-chef, d'adjudant et de sergent-major dans les sections de C. O. A. et d'infirmiers; d'adjudant-chef et d'adjudant dans les sections de secrétaires d'E. M. R. La circulaire ministérielle du 25 juin 1919 a complété ces dispositions en n'admettant que comme sergents, dans les sections de secrétaires d'E. M. R., les sergents-majors des autres armes.

### L'aptitude physique.

Le rengagement n'étant que la continuation du service militaire, implique nécessairement l'aptitude à ce service.

Nous n'avons pas trouvé, dans la loi du 21 mars 1905 ni dans celle du 7 août 1913, qu'une disposition ait interdit le rengagement des hommes du service auxiliaire. Cependant, l'instruction ministérielle du 8 février 1911 s'opposait à ces rengagements. Bien que la loi Dalbiez eût autorisé les réformés à contracter un « engagement spécial », la circulaire ministérielle du 13 décembre 1918, qui rétablit les rengagements, n'a fait aucune allusion qui pùt permettre de conclure à la suppression des dispositions de l'instruction ministérielle du 8 février 1911.

Ce n'est que le 26 avril 1919 qu'une instruction ministérielle a admis au « rengagement spécial de six mois » renouvelable, les hommes du service auxiliaire ou réformés définitifs, n'excluant que les militaires en réforme temporaire. Ainsi, depuis le 26 avril 1919, *la faculté de rengager est accordée à tout Français, âgé de moins de 50 ans, mobilisé, ou démobilise depuis moins de deux ans, du service armé ou du service auxiliaire.*

### Proportion des rengagés.

La demande peut être formulée au titre de n'importe quel corps. La proportion des rengagés qu'avait fixée, suivant les grades et les corps, la loi de recrutement, est supprimée, et tous les rengagements sont acceptés sans limitation de nombre, sous la seule réserve que l'effectif de guerre de chaque corps ne soit pas dépassé. Si, dans un corps, cette limite venait à être atteinte, le Ministre, mis au courant par le chef de corps, procéderait à des nivellements.

Les rengagements pour un emploi déterminé ne sont acceptés que dans les limites des emplois réglementaires de chaque corps et service.

(Instruction ministérielle du 26 avril 1919.)

### Les formalités du rengagement.

La demande de rengagement est adressée :

*a)* Par le militaire en activité de service, à son commandant d'unité ou à son chef de service ;

*b*) Par le militaire démobilisé, au commandant du recrutement de sa subdivision de région.

L'autorité qui reçoit la demande y émet son avis et constitue un dossier qui doit comprendre :

1° L'état signalétique et des services ;

2° Le relevé de punitions ;

3° Un certificat d'aptitude physique ;

4° Un certificat d'aptitude professionnelle (s'il s'agit d'un rengagement spécial au titre d'un emploi déterminé.)

5° Un extrait du casier judiciaire (si le postulant est libéré.)

Ce dossier est transmis :

*a*) Par le commandant d'unité ou le chef de service, au chef du corps dans lequel sert le militaire ;

*b*) Par le commandant du recrutement, au chef du corps dans lequel le postulant demande à rentrer.

Toute demande de rengagement est soumise par le chef de corps à la décision du conseil de régiment. Le conseil de régiment se réunit, à la convocation du chef de corps, dans la localité où celui-ci exerce son commandement ; il vote au secret et consigne le résultat de sa délibération sur un mémoire de proposition. Si la délibération conclut à une acceptation, le postulant en est avisé par une « autorisation de rengager », que lui envoie le président. Muni de cette autorisation, le postulant se présente devant le sous-intendant de la place ou son suppléant, lesquels sont qualifiés pour passer l'acte de rengagement.

De l'instant où il a signé, le postulant a contracté les obligations du rengagé, quand bien même il n'aurait pas encore terminé son temps de service légal. Toutefois, les avantages pécuniaires ne sont acquis que du jour où prend naissance le rengagement.

Pour les rengagés ordinaires le rengagement prend naissance :

*a*) Le jour de la signature de l'acte, s'ils sont d'une classe de la réserve ;

*b*) Le jour du passage de leur classe dans la réserve, s'ils sont d'une classe de l'active.

(Instruction ministérielle du 13 décembre 1918.)

Pour les rengagés spéciaux le rengagement prend naissance :

*a*) Le jour de la démobilisation de leur classe, s'ils appartiennent à une classe non encore démobilisée ;

*b*) Le jour de la signature de l'acte, s'ils appartiennent à une classe démobilisée.

(Décret du 20 avril 1919.)

# CHAPITRE II.

## LES OBLIGATIONS RÉSULTANT DU CONTRAT.

Le rengagé est soumis, pendant toute la durée de son contrat, à toutes les obligations du service militaire telles qu'elles résultent de la loi du recrutement.

### A. Discipline.

Les rengagés sont astreints à la discipline militaire. Il n'y a pas de distinction à établir, à ce point de vue, entre les rengagés ordinaires et les rengagés spéciaux du service général. Seuls les rengagés spéciaux pour un emploi déterminé jouissent de certaines exemptions, savoir : dispense des exercices militaires et physiques; exemption des corvées autres que celles d'hygiène et d'ordinaire (le médecin du corps peut même les dispenser de ces dernières corvées).
(Instruction ministérielle du 26 avril 1919.)

### B. Juridiction.

Tous les rengagés restent sous la juridiction militaire, et le Code de justice militaire leur est seul applicable en cas de délit ou de crime.
(Art. 55 du Code de justice militaire.)

Les sous-officiers retraités à vingt-cinq ans de service restent, pendant cinq ans, à la disposition du Ministre de la guerre, pour l'encadrement éventuel des réserves.
(Loi du 21 mars 1905.)

La même règle n'est pas imposée aux caporaux et soldats.

# CHAPITRE III.

## LES AVANTAGES RÉSERVÉS AUX RENGAGÉS.

### L'état du rengagé.

Les sous-officiers, brigadiers ou caporaux rengagés ne peuvent être rétrogradés ou cassés **avant d'avoir été déférés** en conseil d'enquête.

Les causes pouvant motiver l'envoi devant un conseil d'enquête sont :

1º Inconduite habituelle ;

2º Faute grave dans le service ;

3º Faute grave contre la discipline ;

4º Faute contre l'honneur ;

5º Condamnation à plus de trois mois de prison.

L'envoi devant le conseil d'enquête est prononcé par le général commandant de corps d'armée, d'office ou sur rapport dressé par le chef de corps. Le même général fixe le lieu de réunion du conseil d'enquête, en nomme le président et les membres et désigne, parmi les membres, un rapporteur. Il adresse au président toutes les pièces relatives à l'affaire.

Le conseil d'enquête ne peut statuer que sur les faits qui lui sont soumis. Les membres votent par « oui » ou par « non ». sur des questions relevées dans un formulaire invariable. La majorité des voix constitue l'avis du conseil. Le général commandant le corps d'armée, à qui cet avis est communiqué sous la forme d'un procès-verbal de séance, peut ne pas statuer d'après cet avis ; mais l'avis du conseil d'enquête ne peut être modifié qu'en faveur de l'intéressé.

(Loi du 21 mars 1905.)

### Primes de rengagement.

A. — Tout militaire des troupes métropolitaines qui contracte un rengagement de manière à porter la durée de son service à quatre ou cinq ans a droit à une prime pour les 4e et 5e années.

(Loi du 21 mars 1905.)

Le décret de mobilisation ayant eu comme conséquence de prolonger le temps de service, il devait en résulter que le droit à une prime, consenti par la loi du 21 mars 1905 pour les 4e et 5e années de service seulement, devenait illusoire, puisque la majorité des militaires non encore rengagés et voulant contracter un premier rengagement dès leur démobilisation se trouvaient avoir déjà plus de cinq ans de service au moment où la faculté leur était donnée de rengager. C'est pourquoi une instruction ministérielle du 16 juin 1919 a stipulé qu'au point de vue du droit a la prime, il faudrait faire abstraction du temps passé sous les drapeaux pendant la guerre.

Exemple. — Un militaire ayant deux ans de service le 2 août 1914, démobilisé le 2 août 1919, se rengage, à cette date, pour deux ans. Bien que comptant effectivement sept ans de service, il ne sera considéré, pour le droit à la prime, que comme ayant deux ans de service ([1]).

(Instruction ministérielle du 16 juin 1919.)

S'il s'agit d'un rengagement d'un an ou plus, la prime est, pour chaque année de rengagement,

---

([1]) Par suite, la prime n'est pas due pour la première année de rengagement pas plus que pour les 4e, 5e années et au delà.

de 650 francs pour les sous-officiers, de 400 francs pour les caporaux fourriers, caporaux et soldats.

S'il s'agit d'un rengagement spécial de six mois, la prime n'est que de 150 francs par rengagement, pour tous les grades.

Le payement est effectué à la signature de l'acte.

(Décret du 11 mars 1919.)

B. — Tout militaire qui rengage dans les troupes du Maroc a droit à la prime annuelle. de la 4e à la 10e année inclusivement. Cette prime est payée de la façon suivante :

*a*) Pour chacune de leurs 4e et 5e années de service :

650 francs aux sous-officiers, 400 francs aux autres militaires ;

*b*) De la 6e à la 10e année de service :

1° Par année de rengagement : 200 francs aux sous-officiers, 100 francs aux autres militaires, payables le jour de la signature du rengagement ;

2° Pour chaque année de séjour au Maroc : 450 francs aux sous-officiers, 300 francs aux autres militaires, payables à l'expiration de chaque année ou au départ du Maroc.

(Instruction ministérielle du 16 juin 1919.)

C. — Tout militaire qui rengage dans les troupes coloniales a droit à la prime pour chaque année de rengagement de la 4e à la 10e année de service inclusivement.

(Loi du 21 mars 1905.)

### Haute paye.

Le rengagé a droit, à dater du jour où commence son rengagement, à une haute paye qui est fonction du grade, de l'ancienneté de service et de l'armée (métropolitaine ou coloniale) dans laquelle il sert.

(Loi du 21 mars 1905.)

La loi du 21 mars 1905 prévoyait que cette haute paye variait encore avec le corps dans lequel servait le rengagé. Un décret du 25 décembre 1915 a uniformisé la haute paye dans tous les corps de l'armée métropolitaine, avec cette réserve que les militaires de l'active ayant contracté au titre de la cavalerie ou en qualité de maîtres pointeurs de l'artillerie, et dont le contrat était en cours lors de la mobilisation, conserveraient le droit à la haute paye spéciale stipulée à leur contrat, même s'ils changeaient d'arme, étant bien entendu que, en cas de promotion, la haute paye à leur attribuer serait celle du nouveau grade, calculée sur le taux uniforme donné par le décret du 25 décembre 1915.

Un décret du 11 mars 1919 confirme ces dispositions. Mais comme, en même temps, il relève les taux des hautes payes, il abroge, en fait, les restrictions du décret du 25 décembre 1915, aux termes mêmes de ce décret qui dispose que « la haute paye ancienne cesse d'être maintenue du jour où il est perçu une haute paye supérieure ».

.Les nouveaux tarifs de la haute paye journalière sont substitués aux anciens depuis le 1er mars 1919 et sont applicables aux militaires en cours de rengagement au 1er mars 1919 et aux militaires qui se sont rengagés depuis cette date.

(Instruction ministérielle du 16 juin 1919.)

Jusqu'au 1er mars 1919, la haute paye, étant journalière, n'était attribuée qu'aux militaires à solde journalière. Comme, depuis le 1er octobre 1918, tous les sous-officiers, sans distinction d'ancienneté, sont à solde mensuelle, la haute paye journalière avait donc cessé de leur être attribuée.

Le décret du 11 mars 1919 crée à leur profit une haute paye mensuelle qui leur est due, non plus seulement pour leurs 4e et 5e années de service, mais pour toute la durée de leur rengagement.

(Instruction ministérielle du 16 juin 1919.)

La haute paye (1) *est due* :

Pour toute journée de présence ou d'absence régulière (permission, sejour à l'hôpital, convalescence, etc...) ;

Pour toute journée de route donnant droit aux frais de déplacement ;

Pour toute journée passée en captivité ;

Pour toute journée d'arrêt de rigueur (sous-officiers).

La haute paye *n'est pas due :*

Pour les journées d'absence illégale ou irrégulière ;

Pour toute la durée des punitions supérieures à huit jours de prison et des punitions de cellule ;

Pour les journées de mise en jugement ou de détention quand il y a eu condamnation ;

Pour les journées passées dans les sections spéciales.

La haute paye *est supprimée* définitivement :

Au rengagé condamné à un emprisonnement de trois mois au moins, même avec sursis ;

Au rengagé condamné à la peine des travaux publics.

(Décret du 10 janvier 1912.)

La haute paye d'ancienneté *ne se cumule pas* avec la haute paye dite « de guerre ».

(Décret du 15 juillet 1918.)

---

(1) Voir les tarifs en fin d'ouvrage.

## La solde (1).

La solde des caporaux et des soldats est journalière; elle n'augmente pas avec les années de service.

La solde des sous-officiers est mensuelle; elle progresse, jusqu'à douze ans de service, avec l'ancienneté des titulaires. Elle est majorée, suivant la garnison, d'une indemnité dite « de cherté de vie ».

## Pensions de retraite.

L'octroi et le taux de ces pensions sont réglés par les lois des 11 avril 1831, 25 juin 1861, 18 août 1879. 11 juillet 1899, 21 mars 1905, 7 août 1913, 31 mars 1919.

De tous ces documents se dégagent les principes suivants :

Le droit à pension de retraite est acquis à vingt-cinq ans de service; une pension proportionnelle au temps de service accompli est due aux militaires qui quittent l'armée après un minimum de quinze ans de service.
(Loi du 21 mars 1905.)

Les militaires qui auront le temps de service exigé pour la pension d'ancienneté seront admis à compter en sus les années de campagne d'après les règles suivantes :

Sera compté pour *le double* de sa durée effective, le service accompli hors d'Europe en temps de guerre et, pour la campagne 1914-1918, tout

---

(1) Voir les tarifs en fin d'ouvrage.

le temps passé dans la zone des armées, dans une unité sous les ordres du général en chef.

Sera compté pour *ia totalité* en sus de sa durée effective, le service militaire qui aura été fait :

1° En temps de guerre ;

2° A bord, pour les troupes embarquées en cas de guerre exclusivement maritime ;

3° En captivité, pour les militaires prisonniers de guerre.

Sera compté pour *la moitié* de sa durée effective, le service militaire qui aura été accompli :

1° Sur la côte, en cas de guerre exclusivement maritime ;

2° A bord, pour les troupes embarquées en temps de paix ;

3° En Corse, pour la gendarmerie.

Sera compté pour *la totalité* ou pour *la moitié* en sus de sa durée effective, le service qui aura été fait, en temps de paix :

1° Par les troupes d'occupation dans un territoire étranger ;

2° Par les militaires envoyés de la métropole ou d'une colonie dans une colonie ;

3° Par les militaires détachés à un poste diplomatique, ou chargés de mission dans un pays étranger situé hors d'Europe.

La pension attribuée à vingt-cinq ans est une pension minimum ; le maximum est acquis à quarante-cinq ans de service, campagnes comprises. Chaque année de service en sus des vingt-cinq ans et chaque campagne augmentent le minimum d'une somme égale au 1/20e de la différence du maximum au minimum. Chaque année de service accomplie en sus des quinze ans, ainsi que chaque campagne augmentent la pension proportionnelle d'une somme égale à 1/10<sup>e</sup> de la différence entre la pension proportionnelle et la pension d'ancienneté à vingt-cinq ans.

(Loi du 18 août 1870.)

La pension d'ancienneté se règle sur le grade ou l'emploi dont le militaire est titulaire, s'il en est investi depuis deux années *consécutives*, et sur le grade ou l'emploi inférieur dans le cas contraire.

(Loi du 21 mars 1905.)

La loi dit bien « deux années consécutives », d'où il résulte que, en cas de remise de galon, rétrogradation, cassation venant interrompre ces deux années, l'intéressé est obligé d'accomplir deux nouvelles années dans le grade ou l'emploi dont il veut obtenir la pension.

La pension s'ajoute au traitement afférent à l'emploi civil dont peut être pourvu le pensionnaire.

Les sous-officiers qui, après avoir servi cinq ans au moins au delà de la durée légale, seraient réformés avant d'avoir acquis des droits à la pension proportionnelle, toucheraient, pendant un temps égal à la moitié de la durée de leurs services effectifs, une solde de réforme égale au montant de la pension proportionnelle de leur grade.

Notons d'abord que les caporaux et les soldats sont exclus du bénéfice de ces dispositions, mais hâtons-nous d'ajouter que, si ce texte n'est pas rendu caduc par les dispositions plus bienveillantes de la loi du 31 mars 1919, on peut affirmer qu'il jouera bien rarement. Ce n'est, en effet, que dans le cas où la réforme ne sera pas la conséquence d'une blessure ou d'une maladie contractée ou aggravée en service, que le militaire en demandera l'application.

La pension proportionnelle présente le grave

inconvénient de n'être pas réversible sur la veuve ou les orphelins du militaire décédé, c'est-à-dire que la veuve ou les orphelins d'un militaire retraité à quinze ans de service n'ont pas droit à pension quand vient à décéder le chef de famille.

(Lois du 19 mai 1834 et du 18 mars 1889.)

La loi du 7 août 1913 laissait entendre qu'une loi spéciale accorderait une pension de veuve ou d'orphelins aux veuves ou orphelins des retraités proportionnels; mais cette loi est encore à voter.

En attendant, il est accordé une pension de réversion aux veuves des retraités proportionnels titulaires ou ayant acquis des droits à pension civile par les services accomplis dans l'emploi civil dont ils auraient été pourvus en quittant l'armée. Dans le cas où cette pension de réversion est accordée, chaque année de service militaire est décomptée à raison de $1/25^e$ de la pension à laquelle la veuve ou les orphelins auraient eu droit si le mari ou le père avait accompli vingt-cinq ans de services militaires.

Ci-après les tarifs des pensions d'ancienneté actuellement en vigueur :

| GRADES. | PENSION PROPORTIONNELLE à 15 ans de service. | ACCROISSEMENT ANNUEL de 15 à 25 ans de service. | PENSION à 25 ans de service. | ACCROISSEMENT ANNUEL de 25 à 45 ans de service. | MAXIMUM. | VEUVES DU ORPHELINS. |
|---|---|---|---|---|---|---|
| | fr. | fr. | fr. | fr. | fr. | fr. |
| Adjudant-chef.... . | 720 | 48 | 1.200 | 25 | 1.700 | 950 |
| Adjudant.......... | 660 | 44 | 1.100 | 25 | 1.600 | 900 |
| Aspirant.......... | 630 | 42 | 1.050 | 20 | 1.450 | 850 |
| Sergent-major..... | 630 | 42 | 1.050 | 20 | 1.450 | 800 |
| Sergent.......... | 600 | 40 | 1.000 | 20 | 1.400 | 700 |
| Caporal.......... | 540 | 36 | 900 | 15 | 1.200 | 600 |
| Soldat.......... | 480 | 32 | 800 | 10 | 1.000 | 500 |

## Emplois civils.

Des emplois civils dans les administrations de l'Etat ou dans certaines administrations étrangères à l'Etat sont réservés, à leur sortie de l'armée, aux militaires ayant servi au delà de la durée légale du service et ayant accompli au moins quatre ans de service. Ces emplois varient d'importance :

*a*) Avec la durée du service accompli ;

*b*) Avec le degré d'instruction des candidats.

Envisagés au point de vue de la durée des services des candidats, les emplois sont répartis en trois tableaux dont l'importance décroit suivant que le tableau dans lequel ils figurent porte la lettre E, F ou G.

Envisagés au point de vue du degré d'instruction exigible des candidats, les emplois sont répartis, dans chaque tableau, en quatre catégories, la 1re catégorie étant la plus importante.

Ainsi, un emploi de 1re catégorie du tableau E est un emploi de tout premier rang ; un emploi de 4e catégorie du tableau G est un emploi de la dernière importance.

Suivant qu'il concourt pour un emploi E, F ou G, le candidat doit, au point de vue du service militaire :

*Tableau* E : compter au moins dix ans de service dont quatre dans le grade de sous-officier ;

*Tableau* F : compter au moins cinq ans de service, s'il est soldat, quatre ans s'il est caporal ou sous-officier ;

*Tableau* G : compter au moins quatre ans de service.

Indépendamment du temps de service exigible, tous les candidats doivent réunir les conditions suivantes :

1° Avoir obtenu l'avis favorable du conseil de régiment;

2° Ne pas avoir dépassé l'âge de 40 ans;

3° Etre aptes physiquement, suivant examen médical passé par deux médecins militaires;

4° Etre de moralité irréprochable et de bonne tenue;

5° N'être pas libérés depuis plus de cinq ans et n'avoir pas déjà sollicité un emploi avant leur libération;

6° Etre titulaires d'un certificat d'aptitude professionnelle.

Le degré d'instruction du candidat est une condition non moins essentielle que ses services militaires à l'obtention d'un emploi. Aussi est-il exigé de chacun (sauf des candidats à la 4e catégorie, qui doivent seulement savoir lire et écrire) un certificat d'aptitude qui est délivré au concours, concours qui croît en difficulté avec l'importance de l'emploi.

Le certificat d'aptitude professionnelle est délivré, après examen, par une commission d'examen de garnison s'il s'agit d'un emploi de 3e catégorie, une commission régionale s'il s'agit d'un emploi de 2e catégorie, et une commission centrale s'il s'agit d'un emploi de 1re catégorie. Chaque commission comprend trois membres militaires et deux membres civils. La commission de garnison est présidée par un officier supérieur; la commission régionale ou centrale, par un officier général. Le certificat d'aptitude professionnelle n'est délivré que si la moyenne des notes obtenues est égale ou supérieure à 60 p. 100 du nombre total des points que le candidat peut obtenir. Les candidats ne peuvent concourir que deux fois; si, la deuxième fois, ils ne sont pas jugés aptes, ils doivent accepter l'emploi qui leur est offert, faute de quoi le béné·fice de la loi est épuisé pour eux.

Les candidats formulent leur demande dans les six mois qui précèdent ou dans les cinq ans qui suivent leur libération. Cette demande est adressée, par les candidats sous les drapeaux, à leur chef de corps ; par les candidats libérés, au général commandant la subdivision de leur domicile. L'autorité qui reçoit la demande instruit le dossier et l'envoie au général commandant le corps d'armée, lequel le transmet, par la voie ministérielle, aux présidents des commissions chargées de délivrer les certificats d'aptitude professionnelle. Les commissions d'examen, après avoir délivré, s'il y a lieu, le certificat d'aptitude, retournent les dossiers complétés au Ministre, lequel les transmet au président de la commission de classement des emplois réservés. Cette commission, qui siège chaque trimestre, classe les candidats d'après leurs titres examinés au double point de vue de l'ancienneté des services militaires et de l'aptitude professionnelle. La liste de classement est insérée au *Journal officiel*.

Les candidats classés sont informés qu'ils peuvent obtenir un sursis maximum d'un mois : ils peuvent même être appelés à occuper immédiatement leur emploi. Tout candidat classe et non encore nommé peut renoncer à son emploi pour prendre part à un nouveau concours, sous réserve de remplir les conditions suivantes :

1º Son renoncement doit être formulé par écrit dans les trois mois de la publication de son classement;

2° Son renoncement doit être accompagné d'une demande d'inscription au plus prochain concours;

3° Il acceptera comme définitif le nouveau classement résultant de ce nouveau concours, et, s'il n'est pas classé, l'emploi qui lui sera offert.

Tout candidat nommé à l'emploi pour lequel il avait été classé et qui n'aura pas été accepté par l'administration intéressée, pour cause d'inaptitude physique, pourra demander à concourir de nouveau pour un ou plusieurs autres emplois.

Si les candidats classés n'ont pas pu être nommés faute de vacance, ils sont autorisés à attendre au corps leur nomination à l'emploi sollicité ou accepté, pendant deux ans s'il s'agit d'un emploi du tableau E, pendant un an s'il s'agit d'un emploi du tableau F ou du tableau G.

Enfin, un militaire classé qui rengage est rayé de la liste de classement, et il peut, à la fin de son rengagement, concourir comme s'il n'avait pas encore postulé.

### Indemnité de logement.

Les sous-officiers rengagés peuvent être autorisés à loger en ville. C'est une faveur qui leur est réservée et qui ne peut pas être accordée aux autres sous-officiers, lesquels sont tenus de loger au quartier.

Dans ce cas, il leur est dû une indemnité de logement à partir du jour où ils sont logés à leurs frais. Les taux de l'indemnité varient avec les garnisons.

L'indemnité de logement est due :

1° Pour toutes les journées de présence dans la garnison;

2º Pour toutes les journées d'absence régulière et légale, telles que permission, congé, déplacement, séjour dans les hôpitaux, etc. ;

3º Pendant tout le temps de la campagne ou de la captivité, mais seulement si les titulaires étaient mariés ou veufs avec enfant ou vivaient avec leur mère veuve.

Elle cesse d'être allouée à l'expiration de la quinzaine au cours de laquelle le militaire :

1º Cesse d'être logé à ses frais ;

2º Cesse d'être dans une des situations indiquées aux droits ;

3º Attend en congé une liquidation de retraite ;

4º A subi une condamnation ayant entraîné la perte du grade ;

5º Est rayé des contrôles de l'activité.

## Soldes mensuelles.

| GRADES. | Avant 3 ans de service. | De 3 à 5 ans de service. | De 5 à 9 ans de service. | De 9 à 12 ans de service. | A partir de 12 ans de service. |
|---|---|---|---|---|---|
| | fr. | fr. | fr. | fr. | fr. |
| Adjudant-chef........ | 186 | 216 | 252 | 252 | 252 |
| Adjudant........... | 165 | 195 | 222 | 229 50 | 247 |
| Aspirant........... | 153 | 183 | 199 50 | 199 50 | 207 |
| Sergent-major....... | 123 | 153 | 180 | 187 50 | 195 |
| Sergent............ | 114 | 144 | 171 | 178 50 | 186 |
| Caporal fourrier .... | 108 | 126 | » | » | » |

*Indemnité exceptionnelle du temps de guerre.* — A ces chiffres s'ajoutera, jusqu'au 31 décembre 1920, l'indemnité exceptionnelle de guerre de 60 francs par mois.

## Soldes journalières.

Caporal......................... 0 95
Soldat de 1re classe........... 0 85
Soldat de 2e classe........... 0 75

## Hautes payes d'ancienneté.

| GRADES. | HAUTE PAYE mensuelle. | | | HAUTE PAYE journalière. | | |
|---|---|---|---|---|---|---|
| | Haute paye. | Supplément temporaire. | TOTAL, par mois. | Haute paye. | Supplément temporaire | TOTAL par jour. |
| | fr. | fr. | fr. | fr. | fr. | fr. |
| Adjudant chef après 5 ans | 30 | 150 | 180 | » | » | » |
| —  — 3 | 30 | 105 | 135 | » | » | » |
| Adjud. et ass. après 5 — | 30 | 135 | 165 | » | » | » |
| —  — 3 — | 30 | 90 | 120 | » | » | » |
| Asp., serg.-maj. après 5 — | 30 | 90 | 120 | » | » | » |
| —  — 3 — | 30 | 45 | 75 | » | » | » |
| S. four., s. et ass. après 5 — | 30 | 75 | 105 | » | » | » |
| —  — 3 — | 30 | 40 | 60 | » | » | » |
| Capor. et ass. après 10 — | » | » | » | 1 40 | 1 20 | 2 60 |
| —  — 5 — | » | » | » | 1 30 | 1 20 | 3 50 |
| —  — 3 — | » | » | » | 1 20 | » | 1 20 |
| Soldat et ass. après 10 — | » | » | » | 0 60 | 1 20 | 1 80 |
| —  — 5 — | » | » | » | 0 50 | 1 20 | 1 70 |
| —  — 3 — | » | » | » | 0 40 | » | 0 40 |

Nota.— La haute paye est applicable du 1er mars 1919.
Le supplément de haute paye est applicable du 1er juillet 1919.

PARIS ET LIMOGES. — IMPRIMERIE MILITAIRE CHARLES-LAVAUZELLE.

# Librairie Militaire CHARLES-LAVAUZELLE
*PARIS, 124, Boulevard Saint Germain, et LIMOGES*

Léon PRIEUR. — **Etude médico-légale de la condition et de la présomption d'origine** (historique, travaux préparatoires, commentaires), avec préface du médecin inspecteur Duco. Vol. in-8°.   3   »

Contrôleur général de l'armée CRETIN — **Loi du 31 mars 1919 sur les Pensions pour Blessures ou Maladies contractées au service.** Volume in-8o............ ................... 3   »

Commandant VINCENT. — **Notice sur les Pensions d'invalidité** (officiers et troupe) **et l'organisation et le fonctionnement des Commissions de Réforme** avec solution d'un grand nombre de cas d'espèces intéresssant le blessé de guerre. Vol. de 276 p.:  3   »

Capitaine FLUTET. — **Les nouvelles Allocations temporaires aux petits retraités de l'Etat** (Loi du 23 février 1919). Petit manuel à l'usage : 1o des retraités (pensions civiles et militaires); 2o des militaires et marins réformés; 3o des femmes pensionnées de la guerre 1914-1918. Brochure in-18 .. .... ...........   » 75

André PAVIE. — **Les Dommages de guerre.** Guide pratique contenant le texte de la *Loi du 17 avril 1919*, son explication et tous renseignements indispensables. Volume in-8o de 184 pages.   2 50

**Petit Atlas du Musée de l'armée** pour suivre les transformations territoriales que le Traité de Paix du 28 juin 1919 vient d'apporter à la constitution de l'Europe. Atlas contenant 20 cartes. In-4o (27 $\times$ 21).. .......... ................. *net* 2   »

Lucien CORNET, sénateur. — **1914-1915 : Histoire de la guerre :**
   Tome Ier (des origines au 10 nov. 1914). In-8o de 380 p.  5   »
   Tome II (du 10 nov. 1914 au 31 mars 1915). In-8o de 360 p.  5   »
   Tome III (*en préparation*).

Lieutenant-Colonel breveté RÉQUIN. — **La course de l'Amérique à la victoire.** Exposé de l'effort militaire américain de 1917 à 1918. Avec lettre d'approbation de M. Baker, ministre de la guerre du gouvernement américain. Volume in-8o de 205 pages...  4   »

Lieutenant-colonel E. CHOLET. — **A propos de Doctrine.** Les leçons du passé confirmées par celles de la grande guerre. Volume grand in-8o de 165 pages.................. 4   »

Ministère de la Guerre. — **Tableau synoptique résumé des divers barèmes à appliquer aux infirmes et malades de la guerre 1914-1919** (Instruction no 831 Ci/7 du 10 juillet 1919). Volume in-8o de 132 pages. ......................... 2 50

Commandant LEROUX. — **La Grande Revanche (1870-1871) (1914-1918).** Conférences morales et patriotiques sur la Grande Guerre qui vient de se terminer par la Victoire. Ouvrage de vulgarisation pour les soldats et la jeunesse de France. Vol. in-8o avec portraits de M. Clemenceau et des trois maréchaux, gravures et cartes................. ............ *net* 3 50